Inhalt

Six Sigma heute

Kernthesen

Beitrag

Fallbeispiele

Weiterführende Literatur

Impressum

Six Sigma heute

I. Zeilhofer-Ficker

Kernthesen

- Six Sigma ist ein strukturiertes, systematisches Qualitätsmanagement-Werkzeug, das durch die Reduzierung der Fehlerquote Kosteneinsparungen erzielt und die Kundenzufriedenheit erhöht.
- Durch den Einsatz von erprobten Analyse-, Mess- und Kontrollverfahren können mit Six Sigma relativ schnell deutliche Verbesserungen erreicht werden - im Durchschnitt kann mit 125 000 Euro Nettobeitrag pro Six-Sigma-Projekt gerechnet werden.
- Six Sigma wird in Deutschland erst von wenigen größeren Unternehmen des produzierenden Gewerbes eingesetzt, ist aber seit kurzem auch im

Dienstleistungssektor als Mittel zu Effizienzsteigerungen in der Diskussion.
- Haupterfolgskriterien für Six Sigma sind die Einbindung in die Unternehmensstrategie, das Training der Mitarbeiter, sowie die Unterstützung durch die Unternehmensführung.
- Als in Deutschland äußerst erfolgreich hat sich Six Sigma im Verbund mit Balanced Scorecard und dem EFQM-Modell erwiesen.

Beitrag

Historie

Der griechische Buchstabe Sigma gilt sowohl als Symbol als auch als Maßzahl für die Standardabweichung. Das Rechenverfahren geht zurück auf Carl Friedrich Gauß (1777 - 1885), der Sigma als das Maß der Streuung einer Verteilung um ihr arithmetisches Mittel definiert hat (Gaußsche Glocke). (1)

Bezogen auf einen Prozess oder ein Produktmerkmal wird Sigma als Fehlermessgröße verwendet, d. h. je größer Sigma ist, desto geringer ist die Anzahl der Fehler oder Variationen zum Zielwert. Wird der angestrebte Wert von Six Sigma, also 6 Sigma erreicht, so treten in einer Million Teile oder Prozesse nur 3,4 Fehler auf, oder anders gesagt, eine Trefferquote von 99,99966 Prozent wird erzielt. (2)

Das Six Sigma Konzept wurde Ende der 80er Jahre von Mikel Harry bei Motorola entwickelt und in den 90er Jahren vor allem von Jack Welch, CEO von General Electric, übernommen und propagiert. Mittlerweile ist Six Sigma als Werkzeug für die kontinuierliche Verbesserung von Prozessen und Produkten weltweit anerkannt und wird vor allem in großen, produzierenden Unternehmen erfolgreich eingesetzt. (3)

Was ist Six Sigma

Six Sigma ist ein strukturiertes, systematisches Verbesserungskonzept, das universell einsetzbar ist und deshalb sowohl für technische als auch administrative Prozesse verwendet werden kann. Die Verbesserung von Prozessabläufen wird erreicht, indem alle Teilprozesse und Einflussfaktoren in Bezug auf ihren Beitrag zur Fehlerhäufigkeit bzw. Variation untersucht werden. Oft kristallisiert sich dabei heraus, dass ein Teilprozess oder ein Faktor den größten Einfluss auf die Abweichung vom Zielwert verursacht. Eine Verbesserung dieses Teilprozesses verspricht daher den schnellsten und durchschlagendsten Optimierungserfolg.

Bei der Betrachtung der Prozess- oder Produktoptimierung muss der Fokus immer auf dem Kundennutzen bzw. den Kundenvorstellungen liegen. Wird beispielsweise ein Produktionsprozess so verändert, dass ein Produkt billiger hergestellt werden kann, womit aber ein Qualitätsverlust verbunden ist, wird sich die Änderung im Endeffekt negativ auswirken. Denn Kunden werden zu Produkten wechseln, die die gewohnte und verlangte Qualität aufweisen. Für Six Sigma ist also jede Entscheidung ein Fehler, die den Kundenwunsch oder die Kundenvorstellungen nicht oder nicht genügend berücksichtigt. (1), (3)

Die Verfechter von Six Sigma weisen darauf hin, dass Fehler oder Variationen vom Zielpunkt immer Kosten verursachen. Das Vermeiden von Fehlern wird deshalb immer zu Kosteneinsparungen bzw. positiven finanziellen Beiträgen führen (z. B. höhere Umsätze). Das Ziel von Six Sigma ist also höhere Qualität bei größerer Kundenzufriedenheit und gleichzeitigem positiven Beitrag zum finanziellen Geschäftsergebnis. (3)

6 Sigma wird für "normale" Prozesse als akzeptable

Fehlerquote angenommen, obwohl in gewissen Bereichen sogar 3,4 Fehler pro Million als zu hoch anzusehen sind. Denn gerade in sicherheitsrelevanten Berufen wie beispielsweise bei Chirurgen oder Fluglotsen macht oft auch nur ein einziger Fehler den Unterschied zwischen Leben und Tod und ist deshalb nicht tolerierbar. Die Zielgröße von Six Sigma ist daher als symbolische Zielgröße anzusehen, die abhängig vom entsprechenden Prozess und den existierenden Randbedingungen vergrößert oder verkleinert werden sollte.

Wie arbeitet man mit Six Sigma

Jedes Six-Sigma-Projekt wird nach dem Schema "DMAIC" bzw. "DMADV" durchgeführt. DMAIC steht für Define, Measure, Analyze, Improve, Control und ist auf alle bestehende Prozesse oder Produkte anzuwenden. DMADV, also Define, Measure, Analyze, Design, Verify wird für neue Prozesse oder Produkte angewandt, um die Fehlerfreiheit bereits in der Produkt- oder Prozessentwicklung zu verwirklichen. (4)

Der erste Schritt ist immer die Definition von Kundenanforderungen beziehungsweise der

Projektziele. Darauf folgt das Messen und die Beurteilung der Prozessleistung unter Berücksichtigung aller relevanten Einflussfaktoren bzw. Teilprozesse. Der Prozess wird analysiert um die Hauptursachen von Fehlern oder Abweichungen zur Zielgröße herauszufiltern. Darauf folgt die Entwicklung von Verbesserungsvorschlägen, die die Ursachen der Fehler eliminieren bzw. verringern. Der Fokus wird hierbei auf dem Teilprozess oder dem Faktor liegen, der den größten Einfluss auf die Abweichung zur Zielgröße hat. (4)

Nach der Durchführung der Änderung ist der letzte aber wichtige Schritt die Kontrolle. Das heißt es wird überwacht und gemessen, ob der geänderte Prozess oder das veränderte Produkt die Leistung erbringt, die man sich erwartet hat. Bei Bedarf wird der Six-Sigma-Prozess wiederholt, solange bis das gewünschte Ziel erreicht ist. (4)

Für die einzelnen Prozess-Schritte nutzt Six Sigma einen "Werkzeugkasten" mit verschiedenen bewährten Methoden und Werkzeugen wie zum Beispiel Simulation, Ursachen-Wirkungs-Diagramm, Fehlermöglichkeits- und Einflussanalyse oder Statistische Prozesskontrolle, um nur einige Beispiele zu nennen. (4)

Zur optimalen Nutzung dieser Werkzeuge braucht es

allerdings umfangreiches Mitarbeitertraining. Six Sigma hat verschiedene Kenntnisstufen für Mitarbeiter am Six Sigma Prozess entwickelt, die je nach Schulungsstand und Erfahrung in ein "Gürtelsystem" ähnlich fernöstlicher Kampfsportarten eingeteilt werden.

Die unterste Stufe - der Green Belt - ist das Basiswissen, in dem alle Mitarbeiter von Six-Sigma-Arbeitsgruppen geschult sein sollen. Der Inhaber des Black Belt, der meist die Projektleitung ausübt, verfügt über umfangreicheres und detaillierteres Wissen über Werkzeuge und Vorgehensweisen und kann bereits auf praktische Erfahrungen zurückgreifen. Der Master Black Belt fungiert als Mentor der Black Belts und hat meist einige Jahre Six-Sigma-Erfahrung. Als Six-Sigma-Spezialist steht er den Arbeitsgruppen zur Verfügung, wenn Probleme auftauchen oder gewünschte Resultate ausbleiben. (4)

Der Champion kommt aus der Geschäftsführung und hat die Aufgabe, Six Sigma beim obersten Management zu vertreten und erforderliche Ressourcen zur Verfügung zu stellen. (4)

Six Sigma in Deutschland

In den USA wird Six Sigma mittlerweile von etwa einem Viertel der zweihundert größten und vielen kleineren Unternehmen erfolgreich eingesetzt. Auch im Dienstleistungsgewerbe wurden schon viele erfolgreiche Projekte durchgeführt. Kosteneinsparungen von enormem Wert konnten dadurch erzielt werden. Bei General Electric, zum Beispiel, wurde allein im Jahr 1999 ein Nettoertrag von rund 1,45 Milliarden Dollar durch Six Sigma erwirtschaftet. (3)

In Deutschland ist Six Sigma erst bei knapp 100 Unternehmen im Einsatz. Die Mehrheit davon sind Großunternehmen, zwei Drittel kommen aus der Automobilindustrie. Bei konsequenter Anwendung und Einbindung in die Unternehmensstrategie kann Six Sigma in jedem Unternehmen rasch einen positiven finanziellen Beitrag leisten. Speziell der Dienstleistungssektor in Deutschland, der momentan unter enormen Kostendruck steht, fängt an, sich für die Six-Sigma-Methode zur Qualitätssteigerung kombiniert mit positiven Finanzresultaten zu interessieren. (1), (2), (5)

In Deutschland hat es sich dabei durchaus als vorteilhaft erwiesen, Six Sigma nicht als

"Einzelprojekt" durchzuführen, sondern es in bestehende Qualitätsmanagementsysteme einzubinden. Vor allem in der Kombination mit dem EFQM-Modell oder dem Total Quality Management als Firmen-Philosophie und der Balanced Scorecard als Strategiewerkzeug für Planung und Steuerung hat sich Six Sigma bei der Umsetzung von Prozess- und Produktverbesserungen als äußerst erfolgreich erwiesen.

Trotzdem gelten in Deutschland andere Spielregeln als in den USA. Nicht alles, was in den Staaten als "neu" oder "revolutionär" gefeiert wird, löst bei uns automatisch Beifall aus. Vielmehr überzeugt Six Sigma hier durch die Nutzung alter, bewährter, statistischer und analytischer Verfahren. Auch die Organisations- und Belohnungsstrukturen mit dem "Gürtelsystem" sind nicht unbedingt dem deutschen Geschmack angepasst. Allerdings spricht kaum etwas dagegen, die Trainingsstufen der Mitarbeiter innerhalb eines Unternehmens anders zu bezeichnen, wenn dadurch eine höhere Akzeptanz und Identifizierung der Mitarbeiter zu erreichen ist. (http://www.qm-infocenter.de/sixsigma)

Erfolgskriterien von Six Sigma

Als äußerst wichtig für eine erfolgreiche Six-Sigma-Umsetzung hat sich die Unterstützung und Promotion durch die Geschäftsführung erwiesen. Außerdem muss die Six-Sigma-Methode in die aktuelle Unternehmensstrategie, in das Leitbild und in Produktions- und Qualitätsmanagementsysteme integriert werden. (2)

Nur wenn diese vollständige Integration erfolgt, kann eine Identifizierung jedes einzelnen Mitarbeiters mit Six Sigma und "Null Fehler" erreicht werden. Natürlich ist die ausführliche Schulung der Mitarbeiter, vor allem der vorgesehenen Green and Black Belts unabdingbar.

Für den Start von Six Sigma in einem Unternehmen sollten zu erst kleine, überschaubare Projekte ausgewählt werden, die mit relativ kurzen Projektlaufzeiten rasch positive, finanzielle Erfolge erzielen. Denn neben dem finanziellen Ergebnis wirkt sich die Verbesserung auch auf die Motivation der Mitarbeiter positiv aus. Der Mitarbeiter merkt, dass er etwas Positives bewirken kann, dass er an der Qualitätssteigerung beteiligt ist. Er ist stolz auf diesen Beitrag und identifiziert sich künftig mehr mit dem Produkt und der Firma insgesamt. (3)

Wichtig ist auch die unabhängige Erfolgskontrolle nach der Implementierung von

Änderungsvorschlägen. In den meisten Unternehmen wird dies vom Controller übernommen, oft in Zusammenarbeit mit einem Six Sigma Black Belt. Überprüft wird dabei erstens die Prozessleistung im Vergleich zum gesetzten Ziel sowie der finanzielle Nettobeitrag eines Projektes zum Unternehmensergebnis.

Die Erfahrung zeigt, dass der Versuch Six Sigma in einem Unternehmen zu etablieren, in ca. einem Drittel aller Fälle scheitert. Grund dafür ist aber nie Six Sigma an sich, sondern mangelnde Führungsunterstützung, ungenügende Schulungsmaßnahmen oder die Ablehnung durch die Mitarbeiter. Vor der Entscheidung für Six Sigma sollte also erst sicher gestellt werden, dass das Management voll hinter Six Sigma steht und bereit ist, die notwendigen Ressourcen zur Verfügung zu stellen. Schließlich ist auch ein langer Atem notwendig - denn bis Mitarbeiter und Management in das komplexe System eingearbeitet und daran gewöhnt sind, vergehen meist zwei bis drei Jahre. (3), (http://www.qm-infocenter.de/sixsigma)

Fallbeispiele

General Electric wurde zum Vorzeigebeispiel für Six Sigma par excellence. Bereits drei Jahre nach der Einführung war Six Sigma in allen Bereich von GE etabliert. Nicht nur die Produktqualität wurde deutlich verbessert, auch administrative Prozesse wurden optimiert, Allein im Jahr 2000 hat GE mit Six Sigma Einsaparungen von 3 Milliarden Dollar verwirklichen können. (3)

Volvo Cars startete mit Six Sigma im Jahr 2000. 55 Millionen Euro finanzieller Beitrag wurden bis Ende 2002 durch Six-Sigma-Projekte erwirtschaftet. Dazu kann Volvo auf eine dokumentierte Verbesserung der Kundenzufriedenheit hinweisen. (http://www.qm-infocenter.de/sixsigma)

Bei der Firma Gebhardt Ventilatoren konnten mithilfe von Six Sigma der Lagerbestandswert von 6 Millionen Euro auf 2,3 Millionen Euro reduziert werden. Die Durchlaufzeit wurde von 60 Tagen auf 15 Arbeitstage verringert und der Marktanteil konnte deutlich erhöht werden. (6)

Doch auch aus dem Dienstleistungsbereich gibt es durchaus bereits positive Beispiele. So konnte bei der Citibank die Zeit für die Eröffnung eines Kontos durch Six Sigma um 82 Prozent verkürzt werden, dabei wurden gleichzeitig 92 Prozent weniger Fehler bei dieser Transaktion gemacht. (5)

Nachdem die Bank of America eine überdurchschnittlich hohe Raubüberfallrate bei ihren Filialen in Los Angeles feststellen musste, wurde ein Six Sigma Projekt gestartet. Durch verschiedene, daraus entwickelte Maßnahmen reduzierte sich die Überfallrate um 69 Prozent, obwohl Raubüberfälle im gesamten Bereich Los Angelesim gleichen Zeitraum nur um 7 Prozent abnahmen. Wegen des durchschlagenden Erfolgs werden die Maßnahmen nun auf alle Zweigstellen amerikaweit ausgedehnt. (7)

Bei MTU Aero Engines wurde der gesamte Bereich Beschaffung einer Qualitätsüberprüfung unterzogen. Ein Six-Sigma-Projekt zielt auf die Reduzierung der Beschaffungszeiten ab. Vor der Realisierung von Verbesserungsvorschlägen wird zur Optimierung auf Simulationsverfahren zurückgegriffen. (8)

Ausführliche Informationen zur Implementierung von Six Sigma liefert das Buch "Six Sigma umsetzen" von Magnusson/Kroslid/Bergmann, erschienen im Hanser Verlag, München. (9)

Software-Unterstützung erhält der Six-Sigma-Nutzer vom "Power-Analyzer 4" der Firma Informatica, das neben anderen Analysemethoden auch die wichtigsten Six-Sigma-Metriken beinhaltet. (10)

Weiterführende Literatur

(1) Was ist Six Sigma
aus bank und markt Nr. 07 vom 01.07.2003 Seite 043

(2) Vorsichtige Annäherung - Studie: Anwendung von Six Sigma in Deutschland
aus QZ - Qualität und Zuverlässigkeit, Heft 7/2003, S. 698-700

(3) Am Anfang war die Not
aus McK Wissen, Heft 5/2003, S. 8-15

(4) Six Sigma - Offensive zur Prozessoptimierung, Kostenreduzierung und Kundenorientierung
aus FB/IE, Nr. 2, 2003, S. 70-74

(5) Für Finanzdienstleister bricht das Zeitalter der Industrialisierung an
aus Frankfurter Allgemeine Zeitung, 21.07.2003, Nr. 166, S. 20

(6) Pfeifle, Natalie, Kaizen: Gebhardt Ventilatoren auf dem Weg zum One Piece Flow - Mit schnellen Ergebnissen die Werker überzeugen, Industrieanzeiger, Heft 23, 2003, S. 20
aus Frankfurter Allgemeine Zeitung, 21.07.2003, Nr. 166, S. 20

(7) Mandaro, Laura, B of A: 6 Sigma Fixed Robbery Problem in L. A., American Banker, 11.06.2003, Vol. 168, No. 111, S. 1

aus Frankfurter Allgemeine Zeitung, 21.07.2003, Nr. 166, S. 20

(8) Durchstarten im Einkauf - Mit Six Sigma und Softwareeinsatz die Beschaffung optimieren
aus QZ - Qualität und Zuverlässigkeit, Heft 4/2003, S. 306-309

(9) Mit Six Sigma zum Erfolg, Industrieanzeiger, Heft 23, 2003, S. 78
aus QZ - Qualität und Zuverlässigkeit, Heft 4/2003, S. 306-309

(10) Business Intelligence - Analysen für die breite Masse, CYBIZ 06/07 vom 19.06.2003, S. 62
aus QZ - Qualität und Zuverlässigkeit, Heft 4/2003, S. 306-309

Impressum

Six Sigma heute

Bibliografische Information der deutschen Nationalbibliothek

Die Deutsche Nationalbibliothek verzeichnet diese Publikation in der deutschen Nationalbibliografie; detaillierte bibliografische Daten sind im Internet über http://dnb.d-nb.de abrufbar.

ISBN: 978-3-7379-1026-2

© 2015 GBI-Genios Deutsche Wirtschaftsdatenbank GmbH, Freischützstraße 96, 81927 München, www.genios.de

Alle Rechte vorbehalten. Dieses Werk ist einschließlich aller seiner Teile – z.B. Texte, Tabellen und Grafiken - urheberrechtlich geschützt. Jede Verwertung außerhalb der Grenzen des Urheberrechtsgesetzes bedarf der vorherigen Zustimmung des Verlags. Dies gilt insbesondere auch für auszugsweise Nachdrucke, fotomechanische Vervielfältigungen (Fotokopie/Mikroskopie), Übersetzungen, Auswertungen durch Datenbanken oder ähnliche Einrichtungen und die Einspeisung und Verarbeitung in elektronischen Systemen.